Christa Bröckelmann – die Antwort der Knospen

Christa Bröckelmann

die Antwort der Knopsen

Gedichte

pendo

Christa Bröckelmann wurde 1935 in Bremgarten (Aargau) geboren und lebt heute als Gattin eines Musikers und Mutter dreier Kinder in Binningen bei Basel. Neben ihrer Lehrtätigkeit an einer Sonderklasse schreibt sie Buchrezensionen, Schulspiele und Hefte für dias Schweizerische Jugendschriftenwerk (SJW).

Typographie: Bernhard Moosbrugger
Herstellung: Fosaco AG, CH-8363 Bichelsee
© copyright by pendo-verlag Zürich, 1982
ISBN 3 85842 060 3

I

Im Roseninnern
brauchst du keine Flügel.

ZUM ADAM-UND-EVA-TAG

Als der Garten zerbrach
in einen hellen
und einen finstern Teil,
barsten wir selbst.

Erst als wir gingen,
erkannten wir es
an dem Mass unsrer Schatten:
das Licht hinter uns.

Die in den Goldgrund gemalten
Gitter heiliger Zweige
fingen die Vögel
aus unseren Herzen,

und heute noch ritzen
ihre herübergeworfenen Triller
die Haut jeden Traums.

Wenn wir uns rufen,
wird Göttliches hörbar.

Sprache war immer schon da.

Sprach uns,
damit wir sie sprechen,

sprach uns,
damit wir uns lieben.

Antwort könnte
Vollendung sein.

Ein Wunder,
dass wir nicht schweigen.

LICHTSPRUCH

Einzige Heimat,
einzige Speise:
das heimatlose,
das hungrige Licht.

Abgewiesen vom Docht
stirbt eine Flamme.
Das sich verweigernde Wachs
lässt eine Insel vergehn.

Licht ist Antwort auf Opfer.

PASSIONSSPRUCH I

Kein Brot wächst aus dem Fels.
Der Acker duldet die Pflugschar.

Kein Blatt spriesst aus dem Kiesel.
Das Samenkorn stirbt für die Ähre.

Nie gewinnen wir Frucht
ohne den Tod.

PASSIONSSPRUCH II

Das Gesetz,
das die Blätter zum Fallen zwingt,
schützt das Leben der Bäume.

Die leere Krone empfängt
leichter den Schnee.

Auf die Totentänze des Laubs
die Antwort der Knospen.

PASSIONSSPRUCH III

Denke ich nur bis Karfreitag,
habe ich nicht
mitgerungen im Kampf
zwischen Leben und Tod.

Zwei Tage zu früh
bin ich müde geworden
und übergelaufen
zu meinem eigenen Tod.

Fahnenflucht
in den Schatten des Steins,
der keine Grabkammer freigibt:
zum Bruchstück der Wahrheit.

KREUZBLUME

Masse und Schwerpunkt allein
bestimmen nicht mein Geschick.
Der Wahrheit der Schwere
steht gegenüber die Wahrheit des Schwungs,
und beide Kräfte
einigen sich auf die Mitte
unter dem Liebesgesetz.

Ich bin nicht verfallen
dem Grab der Enge
und nicht verloren
im Grab der Leere.

Zwischen Kerker und Flucht
am Kreuzstein der Erde
Kreuzblume mein Herz.

GOLGATHA

Manchmal gewinnt
eine nie beschwichtigte Angst
neue Gestalt,
eine nie beschwichtigte Klage
zwischen den Zeilen des Saitenspiels,
das den Brunnen der Töne verwahrt.

Dann bin ich die Frau,
die ihr Kind verlor
vor Theresienstadt,
und ich bin das Kind,
das die Mutter verlor
an einen finstern Turm.

Wenn die Saiten bersten
quer über die Erde, die Zeit,
wende ich mich
zum letzten Hügel des Trostes,
wo der göttliche Schmerz
die Schmerzen der Erde umhüllt.

BÄUME

Immer ist
dem Baum der Freude
die Axt an die Wurzel gelegt.

Doch andere Bäume sind:
der Baum des Glaubens,
der Baum der Hoffnung,
der Baum der Liebe.

Teppichwälder,
Gärten verblühter Sterne.
Drei Bäume füllen die Muster
mit Sinn.

Mein Herz aus Erde
bleibt vor den Winden bewahrt
in der Faust ihrer Wurzeln,

und darin wächst
in langen, schweigsamen Wintern
Wohnung für meinen Engel:
der Kern.

Mein Vogel
mit dem Pfeil in der Schwinge,
noch immer fliegst du,
noch immer singst du
dem kommenden und dem scheidenden Licht.
Dein Blut ist der Sonne entsprungen.

Vogel
in vielen Feuern gestorben,
schon wieder streifst du
von deinen Flügeln die Asche
und sammelst Speise
aus unsichtbarer
und sichtbarer Hand.

Fliegst du auch nicht mehr
von Küste zu Küste,
fliegst du doch immer
von Baum zu Baum
und feierst darin
die Hochzeit von Himmel und Erde.

HOFFEN

Wenn ich leiser bin als mein Atem,
höre ich schon
sieben mal sieben Jahre zum voraus,
wie am verdorrten Stock die Knospen springen
mit dem Klang, der die Sterne erreicht.

Das Ziel zeugt den Weg.
Der Weg ist schon Sinn.

Wenn die Strasse im Wasser ertrinkt,
baue ich mir ein Schiff
aus den Samenflocken der Weiden,
ein Schiff, an der Mole vertäut
mit einem einzigen Haar.

Bald werde ich lernen
über das Wasser zu gehn.

VERKÜNDIGUNG

Als der Engel kam,
trug er das Lied der Sterne
wie einen Mantel
in Marias Haus.

Immer wieder berührt mich
der Wind seines Flügels,
das Kleid aus den Klängen
des ersten Regenbogens.

Denn Verkündigung geschieht
dem, der lauschen gelernt hat,
und jeder Blüte,
welche das Licht erträgt.

WALDQUELLE

Brunnenworte,
duftend nach Wolke und Blitz
und nach den Salzen der Erde:
«Wer aus mir trinkt, wird ein Wolf.»

Bei Neumond badet,
von ihren Schwestern getrennt,
im Trog die dreizehnte Fee
Tollkirschenschön.

Doch wenn die Sonne
schräg durch den Regen scheint
in der Stunde des Ave-Läutens,
sehen wir wieder im Tropfenfall
rotblondes Haar.

Wir sind den Marien begegnet,
dem samaritanischen Weib,
und schöpfen
das Lebensnotwendige:
heute Lethe,
morgen Osterwasser.

KRYPTA

Die Dome und Kapellen
standen in einer geträumten Landschaft
mit Abendröte bemalt.
Gern ging ich hin
zu knien in ihren Abgrund aus Stille,
in ihren Mantel Musik.
Ich flog,
damit ich die Rose erreichte.

Doch an dem Tag,
da ich meine Flügel verlor
an den schwarzen Vogel,
fand ich die Krypta
für jede Stunde
ins eigene Haus eingebaut.

Ich fiel hinein
in ihre Finsternis
und auf den Docht meiner Kerze
senkte ein Stern sich herab.
«Im Roseninnern
brauchst du keine Flügel.»

VERGESSEN UND ERINNERN

Ich werfe ab
das verknotete Bündel,
das Wurzeln spinnt
in den Baum meines Blutes hinein,

und schwebe,
berauscht vom Verlust der Schwere,
über dem Wege fort,
der meinetwegen
wie eine Ranke die Erde zeichnet.

Das Bündel, entwurzelt,
wurde von Engeln gefunden,
emporgespielt, entknotet,
ausgelegt
auf einem helleren Stern.

Wenn ich wiederkomme
auf einer Rundung der Ranke,
nehme ich an,
was ein Engel mir zuwirft,
von ihm verwandelt:
Stein zu Stroh,
Stroh zu Gold.

EINGESCHLAFENE HÄNDE

Dass sich mein Blut
aus den Fingern zurückzieht,
nachts, wenn ich liege,
und meine Hände sterben,
während mein Herz noch schlägt,
Aufmerksamkeit des Lebens:
der Tod ist lernbar,
schrittweise
wie eine Sprache.

ENGAGEMENT

Weit weg
vom Platzkonzert der Schlagworte,
nahe dem glimmenden Docht,
dem geknickten Rohr,
sah ich ihn gehn
auf dem Goldgrund der Wüste,
den Blick gesenkt
auf eine Handvoll Sand.

Der Sand wird blühen,
denn Keime, die keiner sieht,
lassen schon Regen herein.

MORGENGABE
für Eva

Wenn du Münzen willst,
präge sie selbst.
Nimm Schmuck aus der eigenen Schmiede
und Leinen
vom Webstuhl aus deiner Kammer.
Auch reite den Schimmel
selber dir zu.

Nichts habe ich dir
in das Bündel geschnürt
als unsere Morgen- und Abendlieder,
das Brot, das nachwächst,
den Krug mit der Quelle im Grund
und das Wissen
um eine andere Hand.

Das Licht wird dich retten,
rettest du es.

ÜBER DEINEN NAMEN
für David

Du wirst nicht frieren.
Als Mantel umgibt dich die Ruhe
des dreiundzwanzigsten Psalms.

Und immer neu
entspringen Legenden
dem gegen den Hass
gesprochenen Namen,

umkleidet von Harfenton,
zart wie ein Staubblatt,
gewaltiger noch
als die Schwermut.

BEATRICE KATHRIN
geb. 26.12.78

Geboren zur Zeit
der zwölf heiligen Nächte,
wenn der Stein zu grünen,
der Keim zu wachsen beginnt
und das Tier sich sehnt
nach Wort und Gesang,
bringst du, Gespan des göttlichen Kindes,
über die Brücken von Duft
die Blüten des werdenden Jahres herein.

Dein Name trägt
in seinem Wohlklang das Glück einer Morgenstunde,
wenn die Wolke, gefüllt mit dem Gold
der kommenden Sonne,
landet
auf einem Teppich von Wiesenschaumkraut.

Wenn du atmest,
klingen die Harfen an
in den Wolkenbäumen der Hoffnung.

II

Ein Haus aus Traum

LIED GEGEN GEFAHR

Nimm diesen Mantel
aus meinen Gebeten,
die Hülle, den Harnisch,
das Flügelpaar.

Auch heute
sucht dich die Taube,
die keine Ferne kennt
ausser dem Raum zwischen uns
und keine Heimat
als dein und mein Herz.

Die Brücke aus ihren Flügen
bleibt in den Himmel gestickt.

LIEBESLIED

Abends mit den Faltern
kommst du im Nesselhemd.
In deinen Augen altern
zwei Blitze, grün und fremd.

Und aus dem Simsonhaare,
das unser Traum dir spann,
springt mich das Wunderbare
wie eine Flamme an.

Doch wenn du scheidest, löscht dein Schritt
die Strassenlampe aus,
Du ziehst die Abendröte mit,
als Teppich in dein Haus.

Ich weiss, die Tür verriegelst du,
um ungestört zu knien.
Dein Engel wirft dir Sterne zu,
die lodern im Kamin.

TRISTAN AN ISÔT

Mohnblume deines Mundes,
entblätternde Blume sank
hinab in des Bundes
bitteren Trank.

Du wirst den Dornbusch schauen
um unser grosses Herz.
Die Sicheln deiner Brauen
mähten mein Erz.

Und Garben deiner Haare
füllten mein Haus.
Ich buk für alle Jahre
mein Brot daraus

in der herbstlichen Bäume
Feuer und Schein,
und Gärten deiner Träume
wuchsen in mich herein.

Am Gold des Bechergrundes
zerspringt die Sonne. Wund
legst du an meines Mundes
Eisblume deinen Mund.

WIE ZWEI TÖNE

Wie zwei Töne sich treffen,
begegnen wir uns,
vom Tode, von Engeln belauscht.

Ein Lebenswerk: klingen,
die bleierne Luft
bewegen über den Wunden der Erde

mit dem Ruderschlag eines Akkords.

TRAUM VON FRAU HOLLES GARTEN

Einen Atemzug lang
im Schosse des Traumes
tief unter goldenem Tau
gehen wir ineinandergerückt
unter des Todes Sodbrunnen fort
über die Welt
alle Zeit im Herzen
mit Füssen wie Bachstelzen leicht
Rosen schlingen uns ein
während wir schneien
alle Zeit im Herzen
und einen Atemzug lang

GEMEINSAMES SCHWEIGEN

Ein Moorsee
ist unser gemeinsames Schweigen.
Wo die kristallenen Treppen enden,
wohnt das Geheimnis:
der Fisch mit der Krone.

Lange schon lebt er
in einem Haus aus geopferten Worten,
Fluchtburg und Traumburg
für die, die es schufen.

Wenn wir schreiten im Schilf
zwei verzauberte Kinder,
wirft er das Gold seiner Flosse
auf einen Libellenflügel,

und weiter wächst
unter den Spiegelbildern
von unserem Schweigen genährt
dein und mein Haus.

WINTERLICHE HOCHZEIT

Ich wohne im gedörrten Moose
Erinnerung.
Die Winde blasen ihre Rose
im abgeräumten Felde aus.
Ich baue dir dafür ein Haus
von Wurzeln in die Dämmerung

und warte, bis im Moos die Sterne spriessen.
Dein Schritt geht durch mein Herz, du bist schon nah.
In unsern Brunnen wird das Lebenswasser fliessen:
geleerte Tränenkrüge stehen da.

Hier ist es gut. Hier trifft der Pfeil uns nicht.
Für unsere Jäger sind wir längst gestorben.
Komm, mein gehetztes Wild, im Winterlicht
hast du dein neues Königreich erworben:

Ein Haus aus Traum, ein Tisch von irgendwo,
doch keine Uhr für unsre Liebesstunde,
auch Allerleirauhs Kleider, Erdenfrüchte roh,
zwei Brote aus dem Feuer hinter uns
und Wunderkraut für eine alte Wunde.

JORINGEL SCHAFHIRT

Ich ruhe bei den Schafen.
Die Wiese dunkelt ein.
Tausendblume
heisst meine Wiese.
Doch eine Blume
finde ich nicht.

Nun fällt herab
das Kleid aus Faltern.
Tausendflügel
heisst mein Gewand.

Und ich suche dich wieder
unter dem weissen Feuer
des Holunders.

JORINDE NACHTIGALL

Zwischen Gitterstäbe webe
ich die Melodie.
Seit ich Liebe nicht mehr lebe,
sing ich sie.

Seit ich dich nicht mehr begrüsse,
giessest du
meine Lieder voll mit Süsse.
Wunden wachsen zu.

Such mich nicht im braunen Riede
hin und her!
Uns geschieht allein im Liede
Wiederkehr.

VERMÄCHTNIS

Wenn ich die Puppe verlasse
und Flügel entfalte,
jeder Laut wieder Musik wird
und Licht meine Speise,
bin ich den Blumen vor deinem Fenster
innig vertraut.
Du weisst, dass ich ihre Blüten umkreise.

Den Regen bringe ich her
und webe am Goldgrund westlicher Wolken,
das Meer beginnt
hinter der Hecke von Abendrot,
und ich warte auf dich
in einem gemeinsamen Boot.

Zwischen Abend und Morgen
hat der Tod keine Scheidegewalt.
Wie Tau einen Schleier
durchdringe ich dich mit heiliger Kühle,
und tropfenweise
fallen die Worte
in den leeren Kelch des Gehörs.

Nahe werde ich sein,
näher als jetzt.

III

Du bist nicht stumm

(Für Stefan und andere geistig
behinderte Kinder)

DER SCHEUE VOGEL

Der Traum verliess mich als scheuer Vogel
in der ersten Stunde des Tages.

Solange die Sonne über mir stand,
verfolgte ich seine Spur
in der Landschaft aus Wolken.

Abends
fand ich die Feder am Brunnenrand liegen.
Niemals werde ich mehr besitzen als sie.

Feder,
Zeichen der uneinnehmbaren Gestalt.

Ich nahm es hin,
ich sah im Wasserspiegel,
eingerahmt von Sternen,
Kind, deinen Flug zu mir.

ANKUNFT

Als ich flog von Ufer zu Ufer
stürzte der Raum in mich herein,
und ich fiel nieder
auf eine geträumte Insel,
kniete
eingeschlossen in Trommelwirbel der Brandung,
in Wasserfälle von Gischt.

Welche Sprache
soll Ikarus sprechen,
von welchem Brote
sich noch ernähren
nach der Umarmung des Lichts?

Sein Leben reicht nicht hin,
das Lied der Sonne auszuschweigen.

Nur langsam sinken
aus den geschmolzenen Flügeln
die Federn herab.

ERINNERTE SPRACHE

Ich komme aus dem Land,
wo Worte Wunden heilen,
in dieses Land,
wo Worte Wunden schlagen.
Den Baum vergesse ich nicht,
wo Worte wachsen
am selben Zweig wie die ewigen Äpfel,
jung wie Abend- und Morgenstern,
älter als Engel.

Ich komme aus dem Land,
wo Worte Sterne zeugen,
in dieses Land,
wo Worte Sterne töten,
und ich rufe dich an
mit dem Weckruf des Schweigens:
Sprich einmal nur zu mir
erinnerte Sprache –
ich gebe Antwort.

SCHWEIGEN

Ich sah das Kind
auf einem Baume sitzen,
die Kleider flechtend
für seine verzauberten Brüder.

Die Nesseln pflückt es
hinter den Hügeln vergeudeter Worte,
die trägt es ab
durch sieben Jahre Schweigen.

Wer wägt seinen Verzicht,
Wünsche beim Namen zu nennen,
den Ort zu beschreiben,
wo es die Schlange verletzt?

Stille wohnt es
hinter den Bergen aus Falschgeld.
Über Grünspan und Rost
strickt es das innige Moos.

FISCHE

In deinen Augen wohnen
zwei Fische feuerfarben.
Sie tauchen auf, wenn du die Fische siehst
im algengrünen Teich.
Du bist nicht stumm.

In deinen Augen wohnen
zwei Fische feuerfarben,
verwandt mit dem sprechenden Fisch der Sage
und Kinder des einen,
der uns zur Sprache erlöst.

WARTEN AUF EIN WORT VON DIR

Mein Kind, ich habe die Harfe vernommen:
ihr Ton kommt über Jahrtausende her.
Für mich hat David gesungen,
mich hat die Sirene betört.

Mein Kind, ich habe Märchen gehört.
Alle Brunnen rauschen mir zu in ihrer Sprache,
und aus Joringels Blume leuchtet
die Kugel aus Tau: das erste Wort.

Doch ich warte auf ein Wort von dir.

Rufst du mich an mit meinem Namen,
sind wir zu neuem Leben geboren.
Ich lausche
an die Himmelsleiter gelehnt.

Am Waldrand sitzend
mit meinem verzauberten Kinde,
wenn der Wind das Grüne,
das Goldene mischt
und die Innenseite
der Blätter aufdeckt,
neige ich mich
vor jedem Geheimnis.

Am Höhleneingang
vergeht der Weg in der Klage Jorindes.
Vögel führen für uns
das Gespräch mit dem Licht,
während wir schweigen
– es muss, ich darf –
und uns der Wald
in Himbeerduft kleidet.

Bienenmusik
um die Blüten nie reifender Worte.
Von der Glorie der Distel
umgebene Pietà.
Zwischen zwei Stürmen
im Schoss der Stille
von einer Hoffnung,
von einem Falter besucht.

ZWIESPRACHE

Wie der Blitz der Freude
mit einem einzigen Sprung
Himmel und Erde verknüpft,
Wolke und Stein,
stiftet das Wort,
gewachsen von altersher
und neugeboren in deinem Mund,
Hochzeit
zwischen dem Ding und dem Namen.

Glücklich ist,
wer dir antworten darf.

Auf einer Brücke von Blitzen
tauschen dein Engel und meiner
den Duft zweier Worte.

INSELN UND ARCHE

Die Angst lasse ich nicht
ein in das Wort.
Wo sollen wir hausen,
wenn sie die Inseln besetzt,
ausgespart aus den Abgründen
tödlichen Wassers?

Kind, ich spreche dir
den Archipel in die Flut:
der Märchen und Sagen
tragende Landschaft,
eine Ballade, John Maynard,
oder für meine Füsse
ein Epigramm.

Doch, was geschieht uns,
wenn alle Türen sich öffnen,
die Tür in das Wasser,
die Türe zur Wüste?

In meinen Träumen noch
bin ich unterwegs zu dem Engel,
der dich begleitet,
die Schwingen mit Augen bedeckt.

Wenn die Inseln versinken,
bleibt doch die Arche bewahrt,
einsam und kühn wie ein Psalm.

SPRECHEN MIT STEFAN

Ich spreche gegen die Wand,
doch das Wort ist stärker.

Hinter der Mauer beginnt
das Meer, das uns trennt.

Wenn meine Augen dich nicht mehr erreichen,
träumen wir einen gemeinsamen Traum.

Meine schwer beladenen Worte
fliegen dich an, ein Schwarm Karavellen.

Die Ladung löschest du nicht,
aber die Worte
Schiffe, Regen, Winde, Glockenblumen
bleiben bewahrt
an dem von dir gehüteten
Ufer des Himmels.

DANK AN DAS KIND

Du lehrst mich Wurzeldunkelheit
und das Vertrauen
in den mit der Erde geteilten Trank.

Du lehrst mich
die einfache Sehnsucht des Baumes,
den Stamm aufzurichten
und Stütze des Himmels zu sein.

Du lehrst mich
die Herrlichkeit einer Krone,
den Raum zu füllen
mit tausend Knospen:

Du lehrst mich blühen.

MIT EINEM KINDE

An dich gelehnt,
halte ich dich,
streift mich das Licht deiner Iris,
der nahen Sonne.
Wir stauen Atem und Zeit,
und die Glaskugel Glück,
geblasen in Eden,
wird unsere Wohnung,
unerreichbar
für Wort und Zahl.

ABENDLIED

Du trinkst die Lampenhelle leer,
die Kugel, die ich spann,
doch an die Fenster um uns her
pochen die Sterne an.

Wieviel ist mir geblieben?
Ich habe dich als Leid
in mein Gesicht geschrieben,
als Falte in mein Kleid.

Durchscheinend sind die Wände.
Der Engel, der dich führt,
hat mich durch deine Hände
mitangerührt.

Von seinem Duft behangen
trag ich dich selber fort.
So bist du eingegangen
in meinen Schritt und in mein Wort.

GEBET MIT STEFAN

Wenn ich bete für dich,
Kind ohne Sprache,
reinigt dein Schweigen
mein Wort.

Tiefer als Amselgesang
fällt jeder Laut
in dieser Stunde gesprochen
in dich hinein
wie ein Tropfen
auf den Meeresspiegel
deiner Seele.

Die Ringe verebben nicht,
bevor sie den Saum deines Geistes erreichen.

Dann betest du mit,
und das Sternenhemd deckt
deinen zerbrechlichen Leib.

SCHLAF

Nachts ziehen wir aus
in die ältere Heimat,
Krücken mit Flügeln vertauschend.
Das mühsame Wort
fällt an die Stille zurück.

Heimkehren
wie der verlorene Sohn.
Nie entliess ihn der Vater
aus seiner Liebe.

Wo die Bläue des Himmels entspringt,
waschen wir Worte rein.

pendo-lyrik

1977 – grün:
Franz Fassbind – Stereotypien
Elisabeth Schnack – Blick aus dem Zug

1978 – rot:
Kurt Früh – braun und blau
Antonia Gubser – Leute unterwegs

1979 – violett:
Magdalena Vogel –
Zwischen Milchstrasse und Sackgassen
Heinz Wegmann – Die kleine Freiheit
schrumpft

1980 – gelb:
Irmgard Steppuhn –
Lieber Augustin dreh die nicht um
Werner Bucher – Noch allerhand zu erledigen

1981 – orange:
Maria Lutz-Gantenbein – Skarabäus
Rolf Hörler – Windschatten

1982 – blau:
Christa Bröckelmann – Die Antwort der Knospen
Martin Hamburger – Romantik der Kälte

weitere Gedichtbände
Peter Krähenbühl – Sonnenwende
Gedichte zu Jazz
John Seiffart – Worte verwandelt
Gedichte eines Neunzigjährigen